PAROLES

Prononcées sur la tombe

DE

M. Stéphane Rouchon

Interne des Hôpitaux de Lyon

Décédé le 1ᵉʳ Octobre 1887

Par M. Edmond BLANC

Doyen des internes

PAROLES

Prononcées sur la tombe

DE

M. Stéphane Rouchon

Interne des Hôpitaux de Lyon

Décédé le 1ᵉʳ Octobre 1887

Par M. Edmond BLANC

Doyen des internes

MESSIEURS,

La mort fauche impitoyablement nos rangs,
et dans son aveugle cruauté elle nous ravit
les meilleurs. Hier, elle nous prenait Roullet;
aujourd'hui c'est notre cher Rouchon qu'elle
a choisi pour victime, Rouchon, l'ami incom-
parable, le cœur franc et généreux, l'intelligence d'élite, qui avait su conquérir toutes
les sympathies et dont la mort prématurée
laisse de si profonds et si unanimes regrets.
Aussi, le deuil de l'internat est-il de ceux

qu'aucune parole ne saurait exprimer, et mieux que tous les discours, les larmes pourraient dire l'incurable blessure de nos cœurs !

Vous rappellerai-je cette vie si courte, hélas ! et marquée déjà de si brillantes étapes? Rouchon était de ceux qui marchent à grands pas, et qui, dans la rude bataille de la vie, s'annoncent comme des vainqueurs. Toujours au premier rang, chaque lutte était pour lui un succès. A la veille de quitter l'internat, à l'âge où beaucoup y entrent à peine, il allait, poursuivant sa brillante carrière, marcher à la conquête de nouveaux lauriers; et certes elles étaient bien légitimes les flatteuses espérances que tous fondaient sur lui! Travailleur infatigable, il était servi par une intelligence et une facilité peu communes. Esprit vif, alerte, primesautier, rien n'égalait le charme exquis de sa conversation, et c'était un plaisir inexprimable d'assister aux discussions scientifiques et littéraires, où la sûreté du jugement, l'originalité des vues, l'élégance de la forme lui assuraient une prééminence que sa parfaite courtoisie lui faisait aisément pardonner.

Mais, Messieurs, nous faisions plus que d'admirer Rouchon, et lui faisait mieux que de nous éblouir par les mille ressources de sa féconde imagination ; nous l'aimions tous, car il était de ceux qu'on admire et qu'on aime : chez lui le cœur était à l'égal de l'esprit.

C'est à ceux qui ont eu le bonheur envié de vivre en son intimité qu'il faut demander comment Rouchon comprenait l'amitié : eux seuls pourront dire quels trésors de dévoûment, de sentiments vrais et sincères renfermait cette âme généreuse où s'épanouissaient toutes les sensibilités et toutes les délicatesses.

C'était aussi un caractère vigoureusement trempé ! Profondément religieux, ardemment spiritualiste, il n'imposait à personne ses convictions et ses croyances, mais n'aurait à personne non plus permis d'en suspecter la sincérité ; lui-même donnait l'exemple de la plus large tolérance, et il pensait, — aujourd'hui

nous pensons tous ainsi à l'internat, — que
pour mériter l'estime et l'affection de ses ca-
marades, il suffit d'être vrai, juste et bon.

Tel était, Messieurs, celui dont nous dé-
plorons la perte. Depuis deux mois nous as-
sistions impuissants et désespérés à la lutte
où il a succombé ! Ni la tendre sollicitude
des siens, ni les soins dévoués de ses maîtres
et de ses fidèles amis, rien n'a pu l'arracher
aux étreintes d'un mal inexorable. Et il s'est
éteint doucement, gardant jusqu'à la fin, au
milieu de visages amis, qui lui souriaient à
travers leurs pleurs, l'illusion d'une guérison
prochaine, soutenu et consolé, au moment
suprême, par sa famille, par la religion et
l'amitié, c'est-à-dire par ce qui fut le culte de
toute sa vie !

Adieu donc, cher ami; ton passage fut
court parmi nous, et cependant quels impé-
rissables souvenirs ne laisses-tu pas dans nos
cœurs ! Nous réclamons une large part du
deuil de ta famille, et les larmes que nous
versons sur ta tombe sont des larmes sin-

cères. Mais tu n'es point perdu tout entier pour nous : ta mémoire nous restera toujours et une des plus belles pages de notre livre d'or conservera pieusement aux générations futures le nom de celui qui, par le caractère, le talent et le cœur, a plus que tout autre honoré l'internat lyonnais.

Au nom des internes, au nom des étudiants de Lyon, je t'adresse le suprême adieu !

Imp. Waltener et Cie. — Lyon.

www.ingramcontent.com/pod-product-compliance
Lightning Source LLC
LaVergne TN
LVHW010742230726
843921LV00025B/717